à Kate Hill

PRÉFACE

Lorsqu'un nouvel ouvrage paraît sur le marché, il a généralement la prétention d'offrir des idées nouvelles et une nouvelle présentation. A cet égard, le présent ouvrage ne fait pas exception à la règle, bien qu'il contienne aussi toutes les recettes éprouvées héritées du passé.

Sur le plan technique, la flûte est, de tous les instruments de la famille des bois, celui qui se prête le mieux à l'apprentissage du chromatisme. Il est plus facile, pour un débutant, de jouer dans toutes les tonalités - sous réserve que l'on apporte un soin égal à l'apprentissage de chaque nouvelle note.

Dans ses grandes lignes donc, cet ouvrage a pour but d'encourager:
- le plaisir pris à jouer de la flûte et à faire de la musique au sens le plus général du terme.
- une meilleure connaissance des tonalités les moins usitées, laquelle, à son tour, facilite l'accès à l'orchestre ou aux ensembles.
- le développement d'un registre grave solide, qui est le fondement d'une bonne sonorité sur toute l'étendue de la flûte.
- le jeu en solo et en ensemble.

Les 72 morceaux numérotés (de 1 à 42 dans le tome 1, le reste dans le tome 2) contenus dans cet ouvrage peuvent être joués indifféremment:
- en solo
- en duo de flûtes
- en solo avec accompagnement de piano
- en duo de flûtes avec accompagnement de piano
- en solo ou duo de flûtes avec accompagnement de piano ou de guitare

L'accompagnement de piano est disponible séparément.

Cet ouvrage est destiné autant à l'enseignement individuel qu'à celui des groupes. Il peut être utilisé sans professeur, si les circonstances l'imposent; on ne saurait toutefois trop conseiller à l'élève de consulter un bon professeur.

Bon nombre des exercices et mélodies ont été composés par l'auteur.

Les accompagnements de piano sont de Robert Scott et neuf morceaux originaux ont été spécialement composés par Alan Ridout.

Je voudrais pour finir exprimer mes remerciements aux flûtistes et professeurs qui m'ont conseillé tout au long de la préparation de cet ouvrage:
Lucy Cartledge, Catharine Hill, Malcolm Pollack, Rosemary Rathbone, Alastair Roberts, Lenore Smith, Robin Soldan, Hilary Taggart, Stephanie Tromans, Lindsay Winfield-Chislett et Janet Way.

Trevor Wye

Tête (embouchure)

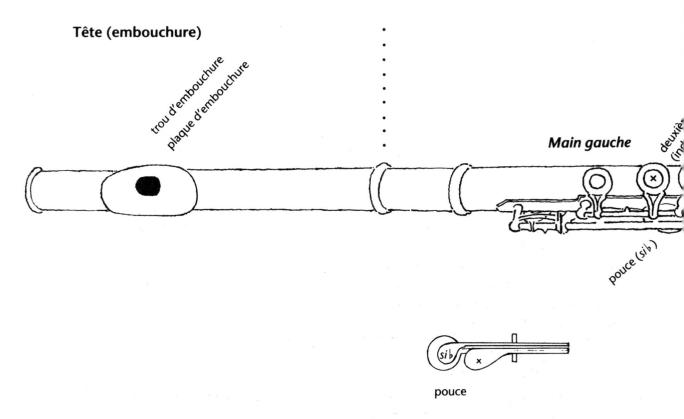

trou d'embouchure
plaque d'embouchure

Main gauche

deuxiè... (ind...

pouce (si♭)

pouce

Premiers sons avec l'embouchure seule

Prenez l'embouchure de la flûte et placez la paume de la main droite sur l'extrémité ouverte du tube, de façon à le boucher hermétiquement. Placez la plaque d'embouchure contre la lèvre inférieure de manière à couvrir moins de la moitié du trou. L'embouchure doit être bien parallèle aux lèvres. Rapprochez les lèvres et soufflez en direction du trou.

Lorsque vous aurez obtenu un premier son, retirez la main droite de l'extrémité du tube et essayez de nouveau. Ne vous inquiétez pas si vous n'obtenez pas un résultat immédiat: persévérez!

Essayez de bien diriger le souffle de façon à ne pas perdre trop d'air.

Efforcez-vous de maintenir un son bien régulier. Recommencez ensuite la même opération que précédemment, mais cette fois en attaquant la note d'un coup de langue, comme lorsque vous prononcez la syllabe: te. En revanche, n'utilisez pas la langue pour interrompre le son. Lorsque vous aurez obtenu un premier résultat satisfaisant, assemblez votre flûte en la tenant comme sur le dessin ci-dessous. Vérifiez que le trou d'embouchure soit bien aligné avec la clé de l'index de la main gauche. Observez aussi la position de la patte.

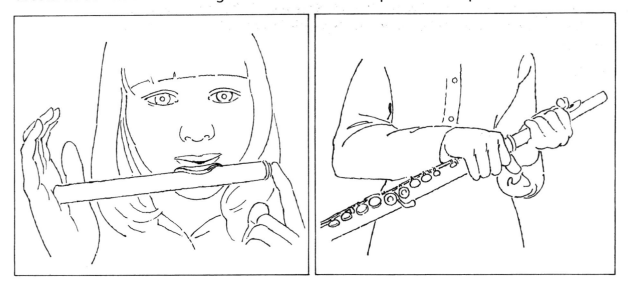

TREVOR WYE

Méthode de Flûte pour débutant Tome 1

Novello Publishing Limited

NOV120792

Corps · · · · · · · · · · · · **Patte**

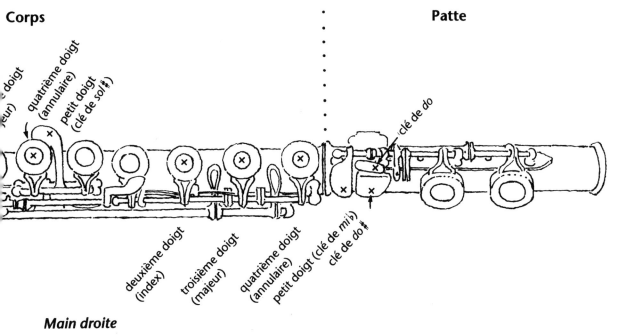

quatrième doigt (annulaire)
petit doigt (clé de sol♯)

clé de do

deuxième doigt (index)
troisième doigt (majeur)
quatrième doigt (annulaire)
petit doigt (clé de mi♭)
clé de do♯

Main droite

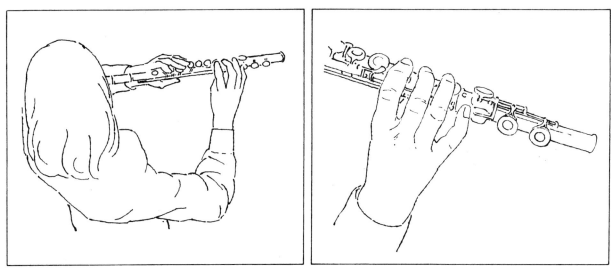

Observez bien les dessins: remarquez l'angle que fait la flûte avec le corps. Placez les mains sur la flûte comme indiqué sur les dessins. Placez aussi vos doigts comme sur les dessins. Le petit doigt doit toujours rester recourbé.

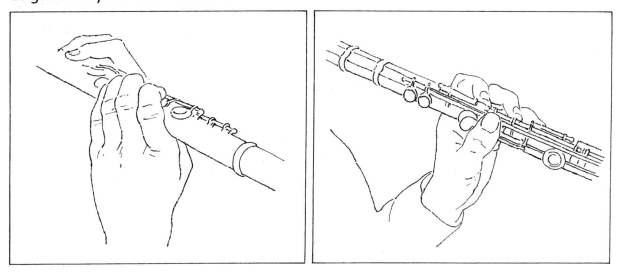

Position de la main gauche
L'index de la main gauche doit être recourbé sous la flûte de façon à la soutenir; les doigts viennent se placer au-dessus des clés, toujours recourbés eux aussi. Observez la position du pouce de la main gauche; gardez-le sur la clé de droite.

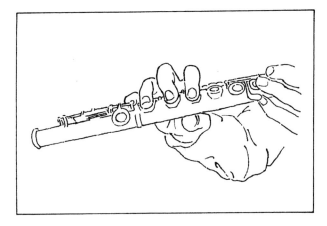

Position de la main droite

Levez le bras droit tout en gardant la main complètement relâchée. Remarquez que les doigts sont naturellement recourbés. Remarquez aussi la façon dont le pouce est placé par rapport à l'index: il est placé de côté (son axe est perpendiculaire). Mettez la main sur la flûte, sans rien changer à la position du pouce par rapport au reste de la main. Placez les trois doigts - index, majeur et annulaire - toujours recourbés, sur les clés, et le petit doigt sur la clé qui lui est destinée. Les doigts doivent toujours rester à angle droit avec la flûte: ils ne doivent être orientés ni vers la droite, ni vers la gauche.

Tout au long de cet ouvrage, les doigtés vous seront indiqués de la façon suivante:

Pouce ● — Main gauche

Main droite

Petit doigt

● Indique que le doigt doit être appuyé.
○ Indique que le doigt doit être levé.
⌣ Appuyez le doigt sur la clé.

Première note avec la flûte

Restez toujours debout pour jouer. Tout en tenant la flûte devant vous, tournez la tête à 45° environ vers la gauche et portez la flûte à votre tête. Évitez surtout de faire le contraire, c'est-à-dire de pencher la tête vers la flûte. Remarquez que la tête et la flûte ne sont pas orientées dans la même direction par rapport aux épaules.

Faites le doigté du *si*

et jouez votre première note.

Pouce et index gauches.

Petit doigt de la main droite sur la clé de *mi* bémol.

Efforcez-vous de garder les bras et les épaules bien relâchés.

La respiration

Reposez maintenant votre flûte et prenez une profonde inspiration, sans lever les épaules. Vous devriez sentir l'estomac se dilater, suivi par la poitrine. Si vous avez du mal à respirer de cette manière, asseyez-vous sur une chaise droite et restez bien collé à la chaise, en vous tenant fermement des deux mains de chaque côté du siège. Prenez une nouvelle inspiration: cette fois, vous devriez sentir l'estomac se dilater. Recommencez alors sans l'aide de la chaise.

Quelques défauts à éviter

- N'utilisez jamais la langue pour interrompre le son.
- Ne cherchez pas à appuyer trop fortement la flûte contre les lèvres pour l'empêcher de glisser vers le bas: repliez légèrement l'index de la main gauche sous la flûte pour la soutenir. Si la flûte est glissante, collez un morceau de papier à l'emplacement de l'index. Gardez le coude gauche baissé.
- Gardez toujours les épaules baissées, que ce soit en jouant ou en respirant.
- Le pouce droit, qui soutient la flûte, ne doit pas être tendu ou rigide: cela crée des tensions dans tous les autres doigts, et oblige le petit doigt à se raidir. Gardez toujours le petit doigt recourbé (voir figures ci-dessous, et p.3).
- Ne travaillez pas en mettant vos partitions à l'horizontale sur une table: si vous n'avez pas de pupitre, débrouillez-vous pour maintenir vos partitions avec, par exemple, un porte-photos et des trombones, ou bien encore appuyez-les à l'intérieur de votre étui de flûte ouvert.

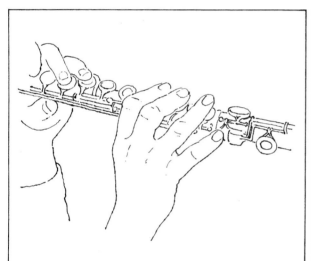

Position incorrecte de la main droite

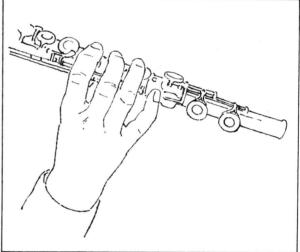

Position correcte de la main droite

Méthode de travail

Travaillez votre flûte tous les jours. Si vous voulez faire de rapides progrès, il faut exercer régulièrement les muscles des lèvres, la langue, les doigts, et la respiration. Dans la mesure du possible, essayez de travailler tous les jours à la même heure. Imaginez un athlète qui ne s'entraînerait que les week-ends: il aurait vite fait de se claquer un muscle! Le développement de l'expression musicale exige, lui aussi, un travail régulier.

6

Les sept notes de musique sont: *do* (rarement *ut*), *ré, mi, fa, sol, la* et *si*.

Ces notes sont placées sur la **portée**:

Ce signe s'appelle une **clé de sol**, et il indique que l'instrument qui joue d'après

cette clé est un instrument aigu, tel que les flûtes à bec soprano et alto, le violon ou la flûte traversière.

La musique est divisée en **mesures**, pour en indiquer le rythme et les accents.

La **barre de mesure** est placée au début et à la fin de chaque mesure, et la délimite.

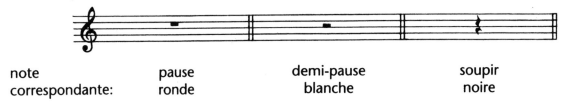

La **double barre** (qui peut être constituée de deux traits fins ou d'un trait fin et d'un trait gras) indique la fin d'un morceau.

Les notes de musique peuvent avoir des durées différentes (on parle de **valeur de notes**). A chaque durée correspond un signe particulier, qu'on appelle une **figure de note**. En voici quelques-unes:

     o   ronde

     ♩   blanche

     ♪   noire

A chacune de ces figures de notes correspond une **figure de silence** qui a la même durée que la note équivalente:

note correspondante:	pause ronde	demi-pause blanche	soupir noire

Le chiffrage des mesures

Au début d'un morceau, juste après la clé, on trouve un chiffrage de mesure, noté sous forme de fraction, qui indique la valeur des notes que vous allez trouver dans chaque mesure, tout au long du morceau.

Exemples:

$\frac{2}{4}$ = deux noires dans chaque mesure.

$\frac{3}{4}$ = trois noires dans chaque mesure.

$\frac{4}{4}$ = quatre noires ou deux blanches dans chaque mesure.

Prenez maintenant votre flûte, et jouez les exercices ci-dessous, en comptant quatre temps par mesure, avec: un temps = une noire. Tenez bien les notes sur toute leur durée. Pour l'instant vous n'en utiliserez qu'une seule: le *si*.

Jouez l'exercice suivant: chaque **blanche** vaut deux temps.
Tenez bien ces blanches sur toute leur durée.

Jouez l'exercice suivant: le chiffrage vous indique qu'il y a trois noires par mesure.

Un autre exercice, avec le chiffrage $\frac{2}{4}$: soit deux temps par mesure.

Les exercices suivants contiennent, dans chaque mesure, des notes de différentes valeurs. Tenez bien chaque note sur toute sa durée. Comptez les temps avec soin.

(*b*)

(*c*)

8

Voici, pour finir, un exercice qui mêle les notes et les silences:

(d)

Jouez ces exercices pour développer votre sens du rythme. Ils n'utilisent que la première note que vous avez apprise: le *si*. N'utilisez pas la langue pour interrompre le son.

Si vous avez des doutes sur le rythme, chantez les exercices tout en comptant les temps.

Introduction des trois premières notes: si, la *et* sol

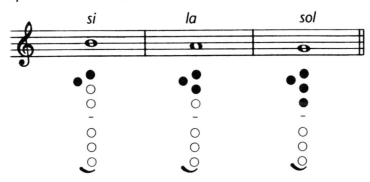

Donnez au début de chaque note un coup de langue, comme lorsque vous prononcez la syllabe *te*. Cela lui donnera une attaque propre. Comptez soigneusement les temps.

N'oubliez pas que, pour toutes ces notes, le petit doigt de la main droite doit rester appuyé sur la clé de *mi* bémol. Pour l'instant, vous n'avez pas encore à vous servir du petit doigt de la main *gauche*.

MÉLODIE GALLOISE

Tout comme le langage, la musique est divisée en phrases et en périodes. Essayez de prolonger votre souffle jusqu'à la respiration suivante. La musique sera ainsi moins hachée.

DUO

MERRILY WE ROLL ALONG

EXERCICE DE DOIGTS

Les liaisons

Une **liaison** est une ligne courbe placée au-dessus ou au-dessous d'un groupe de notes.

Ces notes doivent être jouées d'un seul souffle, en ne donnant un coup de langue que sur la *première* du groupe. Même lorsque vous jouez des notes liées, comptez toujours les temps avec soin.

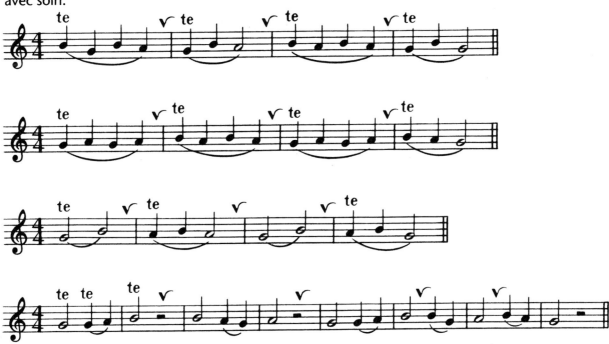

AU CLAIR DE LA LUNE

Lorsque deux notes de même nom sont reliées entre elles par une ligne courbe, leurs valeurs s'additionnent pour former une seule note continue (vous ne devez donc pas donner de coup de langue sur la seconde). Cette ligne s'appelle une **liaison "de prolongation"**.

Jusqu'à présent, vous avez joué en mesure à 4/4: quatre pulsations d'une noire par mesure. Cette mesure à quatre temps est parfois notée par le signe ℂ, au lieu de la fraction 4/4. Remarquez que le premier temps de chaque mesure a toujours plus d'importance que les autres: il doit donc être accentué légèrement.

*1. MÉLODIE TRISTE

ALAN RIDOUT

Introduction des croches
Il y a deux croches dans une noire:

Jouez les exercices suivants en comptant les croches comme ceci: 1 *et* 2 *et* 3 *et* 4 *et* -

LES SERPENTS

* Tous les morceaux *numérotés* sont pourvus d'un accompagnement de piano disponible séparément. Ces morceaux seront plus agréables à jouer avec l'accompagnement de piano ou de guitare.

TOMBE LA PLUIE

1 & 2 & 1 - 2

Ce signe s'appelle un demi-soupir:

Voici trois mélodies à jouer pour vous entraîner à déchiffrer.

Faites attention, lorsque vous jouez, à ne pas laisser les mains s'appuyer sur les clés.

(a)

1 & 2 1 & 2

(b) Assez vite

1 & 2 &

(c) Modérément vite

Introduction du do

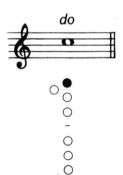

NB: Vous pourrez être tenté, en jouant un *do*, de soutenir la flûte avec le pouce gauche: ne le faites surtout pas.

DUO

H. PURCELL

Vous trouverez souvent, au début d'un morceau, un mot ou une expression inscrits au-dessus de la portée, pour indiquer la vitesse à laquelle le morceau doit être joué. Celle-ci s'appelle le *tempo*. La plupart du temps, il est indiqué à l'aide de mots italiens. A partir de maintenant, vous trouverez les termes italiens les plus courants, accompagnés de leur traduction française entre parenthèses. Vous pouvez aussi vous reporter à la liste donnée à la fin de l'ouvrage.

2.

AIR DE BUFFONS

XVIᵉ siècle

La mesure à $\frac{3}{4}$ comporte trois temps par mesure; on l'utilise notamment pour les valses.

EXERCICE DE DOIGTS

Arrivé à ce stade, contrôlez la position de votre corps et celle de vos mains, en vous reportant aux dessins au début de ce volume.

♩. Ceci est une blanche pointée; le point placé derrière une note la rallonge de la moitié de sa propre valeur.

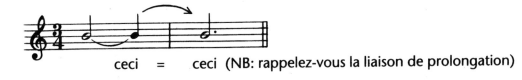

ceci = ceci (NB: rappelez-vous la liaison de prolongation)

VALSE

Le signe ci-dessous est un signe de reprise: lorsque vous rencontrez une **barre de reprise**, vous devez rejouer une fois toute la musique écrite entre les deux barres. S'il n'y a qu'une seule barre de reprise, vous devez tout rejouer en reprenant au début du morceau.

3. **DANSE** SUSATO

PROFESSEUR

1 *Les premières flûtes furent construites il y a plusieurs milliers d'années, avec des os humains, le plus souvent le tibia. (Saviez-vous qu'en latin, le mot tibia désigne … la flûte!) Jusqu'à une époque récente, certaines tribus d'Amérique du Sud fabriquaient encore des flûtes et des tambours en utilisant les os et la peaux de leurs ennemis vaincus: elles s'en servaient tout à la fois pour célébrer leur victoire et pour honorer la mémoire de leurs ennemis.*

Les flûtistes de la Grèce antique s'appelaient les Tibiscènes. L'un d'entre eux, Harmonidès, vers l'an 440 avant J.C., avoua un jour à son maître que la seule raison qui le poussait à vouloir devenir flûtiste était la satisfaction de sa propre vanité. Le maître lui répondit que la meilleure manière d'atteindre à la renommée était d'ignorer tous ceux qui ne savent faire autre chose que siffler, et de chercher au contraire à gagner la faveur des rares personnes capables de faire preuve de jugement. Ses paroles tombèrent dans l'oreille d'un sourd. Lors de son premier concours, Harmonidès, pour essayer de se rendre populaire, se contorsionna tant et plus, et souffla dans sa flûte avec une telle ardeur que, d'un seul coup, il en tomba mort.

Toutes les notes de musique peuvent être soit "haussées" soit "abaissées", à l'aide de signes placés devant la note, et qu'on appelle les **altérations**. Pour "hausser" une note, on utilise le signe ♯ **(dièse)**, qui monte la note devant laquelle il est placé. Il est valable jusqu'à la fin de la mesure dans laquelle il se trouve. Donc, si vous trouvez après la note "altérée" (diésée), d'autres notes de même nom, dans la même mesure, elles doivent être altérées aussi.

Introduction du sol *dièse*

Doigté: même chose que pour le *sol*, mais en ajoutant le petit doigt de la main gauche.

EXERCICE DE DOIGTS

Le signe 𝄐 s'appelle un point d'orgue. Il signifie que la note au-dessus de laquelle il est placé doit être tenue un peu plus longtemps que sa durée normale.

Point d'orgue la deuxième fois seulement

Lorsqu'on veut ramener à sa hauteur d'origine une note préalablement "diésée", on utilise le signe ♮ (**bécarre**). Tout comme le dièse, il n'est valable que jusqu'à la fin de la mesure. On l'utilise aussi parfois comme un simple rappel:

4.

MADRIGAL

Même lorsque vous jouez lentement, efforcez-vous toujours de faire des mouvements de doigts rapides et appuyez fermement sur les clés. Ne levez pas les doigts plus haut que nécessaire. Cela vous aidera à développer une bonne technique de doigts ("technique digitale").

VIEILLE DENTELLE

Pensez toujours à bien garder le petit doigt de la main droite sur la clé de *mi* bémol, pour toutes les notes.

CHANSON POPULAIRE HONGROISE

18

Introduction du fa *et du* mi

Lorsque vous jouez les notes graves, ne laissez pas votre sonorité s'appauvrir. Contrôlez la position de vos mains à l'aide des dessins au début de ce volume.

TOUTES LES NOTES

Vous avez déjà joué cette célèbre mélodie, mais en utilisant d'autres notes:

AU CLAIR DE LA LUNE

LAVANDE

EN MARCHANT

Jouez maintenant la même mélodie, mais avec une mesure à $\frac{2}{4}$. On devra entendre la même chose qu'avec la précédente mesure (à $\frac{4}{4}$), mais avec des accents différents.

EN MARCHANT

Le point qui figure au-dessus ou au-dessous d'une note signifie que cette note doit être écourtée par rapport à sa valeur normale: c'est ce qu'on appelle le **staccato** (ou "détaché"). N'utilisez pas la langue pour interrompre le son.

EXERCICE DE STACCATO

DANSE

UNE COURTE MÉLODIE

EXERCICE DE DOIGTS

MUFFINS

Développement de la sonorité

Le développement d'une belle sonorité est essentiel pour assurer vos progrès futurs. Dans ces exercices - et dans ceux qui suivront - faites des expériences sur la vitesse de l'air que vous soufflez dans la flûte. Est-ce que le fait d'augmenter la vitesse vous semble donner un son plus stable? Si oui, essayez:

- De diminuer la taille du trou entre vos lèvres, à travers lequel vous soufflez. Tout en gardant un son *clair*, essayez d'économiser votre air.
- De bouger légèrement la mâchoire inférieure d'avant en arrière tout en jouant. Voyez si ces mouvements produisent des améliorations. Jouez des notes aussi longues que possible. Prenez toujours de larges inspirations. Évitez de tourner l'embouchure vers l'intérieur sur la lèvre inférieure. Vos lèvres ne doivent pas couvrir plus de la moitié du trou d'embouchure. Sur ce point, reportez-vous au début de l'ouvrage.

20

EXERCICE DE SONORITÉ

Le morceau suivant commence par une mesure incomplète. La note qui précède la première barre de mesure s'appelle **l'anacrouse**. Remarquez la façon dont elle influence l'emplacement des respirations.

DANSE ALLEMANDE

N.B. La dernière mesure de la "Danse allemande" est incomplète: la partie manquante est contenue dans l'anacrouse au début du morceau.

Introduction du si *bémol*
Rappelez-vous que toutes les notes peuvent être "altérées", c'est-à-dire haussées (♯), ramenées à leur état naturel (♮), ou abaissées: le signe utilisé pour abaisser une note s'appelle un **bémol** (♭)

L'HERMINE

Andante

MENUET

Fa majeur

Moderato

Dans ce dernier morceau, il y avait un bémol devant chaque *si*. Dans le morceau suivant, il y a un bémol au début du morceau, sur la ligne du *si*: on dit que le *si* bémol est placé "à la clé". Cela évite d'avoir à remettre un bémol devant chaque *si* tout au long du morceau. L'ensemble des dièses ou des bémols qui apparaissent "à la clé" constitue l'armature (ou armure). Jouez le morceau ci-dessus sans tenir compte des bémols placés devant les *si*: il vous paraîtra un peu étrange. Remarquez l'attraction naturelle qui fait que le morceau a tendance à vouloir se terminer par un *fa*. Cette tonalité - avec un bémol à la clé - s'appelle "*fa* majeur". Dans la suite de cet ouvrage, vous serez amené à jouer dans d'autres tonalités.

MARCHE

Fa majeur

ANONYME

Allegro

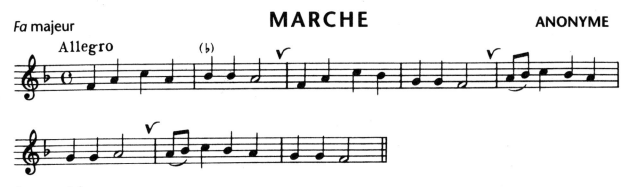

La sonorité

Avant de commencer à jouer les morceaux suivants, jouez la première note de chaque morceau en la tenant longuement, de façon à pouvoir contrôler la qualité de votre son.

NOW THE DAY IS OVER

S. BARING-GOULD

(La journée est finie)

Fa majeur

Andante

JINGLE BELLS

J.S. PIERPOINT

Fa majeur

Vivace

Dans le morceau suivant, vous pouvez remarquer que les phrases sont constituées de trois mesures. La plupart du temps, les phrases musicales sont de quatre mesures. Les phrases sont ici indiquées par des crochets.

5.

LE ROSSIGNOL

CHANSON POPULAIRE

Fa majeur

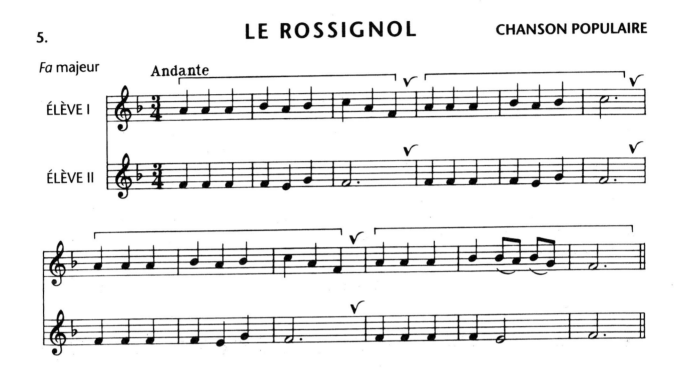

6.

L'ABEILLE

XIXᵉ siècle

Fa majeur

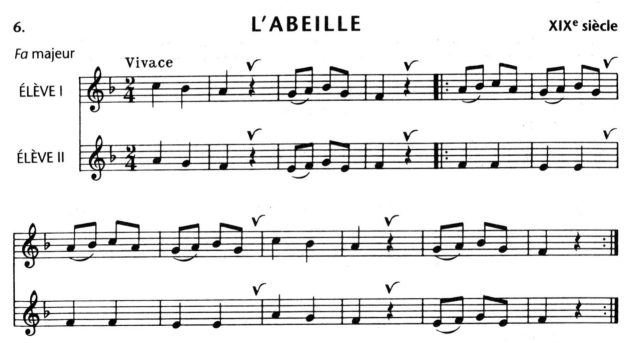

L'armature du morceau suivant ne contient ni dièses ni bémols (on dit qu'il n'y a "rien à la clé"): il est écrit en *do* majeur (ou *ut* majeur), mais la tonalité change au cours du morceau, ce qui explique la présence du *sol* dièse. Il est fréquent qu'un morceau change de tonalité en cours de route: on dit alors qu'il **module**. Lorsqu'une altération quelconque - dièse, bémol ou bécarre - apparaît dans un morceau alors qu'elle ne fait pas partie de l'armature, on l'appelle un **accident** (ou altération accidentelle). Comme vous l'avez déjà appris, son effet est annulé par la barre de mesure suivante.

7.

BERCEUSE

ALAN RIDOUT

Do majeur

SUR LE PONT D'AVIGNON

Fa majeur

> Ce signe est un **accent**: la note sur ou sous laquelle il est placé doit être attaquée fortement, aussi bien avec la langue qu'avec le souffle.

8.

LE COUCOU

ANONYME
XIXe siècle (?)

Fa majeur

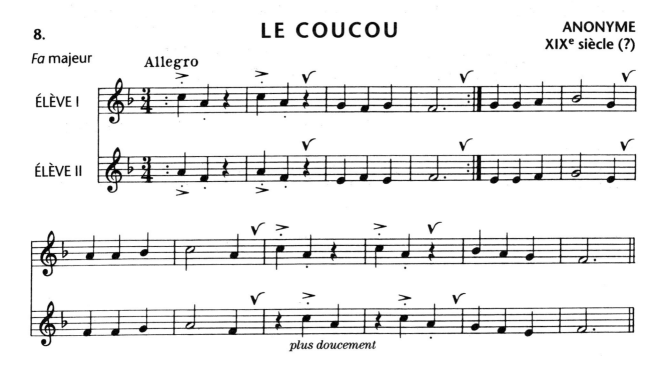

Travaillez votre sonorité avant de jouer l'un ou l'autre de ces morceaux.

9.

L'ADIEU

ALLEMAGNE
XIXᵉ siècle

Fa majeur — Moderato

Les gammes sont des séries de notes qui montent ou descendent par degrés successifs, à la manière d'une échelle. Le travail des gammes est important pour développer le mouvement des doigts. Travaillez soigneusement cet exercice de gamme, ainsi que tous ceux que vous rencontrerez dans la suite de cet ouvrage.

EXERCICE DE DOIGTS

EXERCICE SUR LA GAMME DE *FA* MAJEUR

10.

DANSE

PRAETORIUS

Fa majeur — Allegro

2 Cet indigène est représenté en train de faire tourner un **bull-roarer**, *une sorte de flûte primitive. C'est un instrument qui émet une espèce de bourdonnement grave. Pour en fabriquer un, il vous faudra: une planchette de bois léger de 6,5 x 45 cm et d'un demi-centimètre d'épaisseur, et un fil de nylon long de deux mètres environ. Découpez le morceau de bois pour lui donner la même forme que sur le dessin, et arrondissez les angles avec du papier de verre. Percez un trou à 2 cm d'une des extrémités. Peignez-le de couleurs vives, en y dessinant des motifs comme sur le dessin. Faites un nœud au bout du fil de nylon et enfilez-le dans le trou. Faites tourner l'instrument autour de votre tête.*

Que la flûte, aujourd'hui, guerrière qui s'afflige,
Se souvienne un moment, pendant que sur sa tige
Tes doigts semblent danser un menuet d'oiseau,
Qu'avant d'être d'ébène, elle fut de roseau;
Que sa chanson l'étonne, et qu'elle y reconnaisse
L'âme de sa rustique et paisible jeunesse!

Edmond Rostand, *Cyrano de Bergerac*, IV, 3

Introduction du fa *dièse*

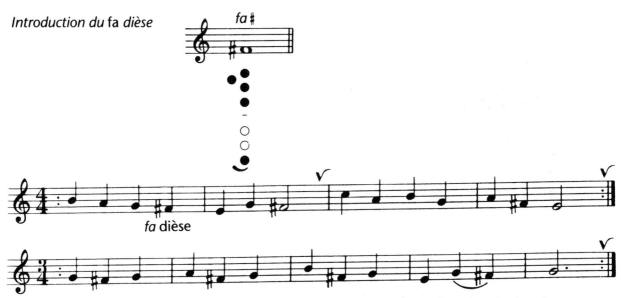

fa **dièse**

L'exercice de doigts a une nouvelle armature: il est écrit dans le ton de *sol* majeur, qui comporte un dièse à la clé, le *fa*. Cela signifie que tous les *fa* que vous rencontrerez seront en réalité des *fa* dièse.

EXERCICE DE DOIGTS

Sol majeur

Sol majeur

Allegro

Introduction de la noire pointée
Pour commencer, jouez cet exercice:

Rejouez-le maintenant, mais en liant les deux premières notes dans les trois premières mesures.

1

1   (2)   &   3   1   (2)   &   3   1   (2)   &   3   1 - 2 - 3

2

1 - (2)   &   3   1 - (2)   &   3   1 - (2)   &   3   1 - 2 - 3

Les exercices 1 et 2 doivent donner exactement le même résultat sur le plan rythmique. Une noire pointée équivaut à une noire *plus* une croche.

GOD SAVE THE QUEEN (HYMNE NATIONAL DU ROYAUME UNI)

Mesures de première et deuxième fois

Il peut arriver qu'une phrase avec une reprise se termine différemment la deuxième fois. Jouez les six premières mesures et reprenez du début. La deuxième fois, sautez la mesure notée "1", et jouez à sa place la mesure suivante, celle de deuxième fois, notée "2".

11.
Sol majeur

MÉLODIE

LULLY

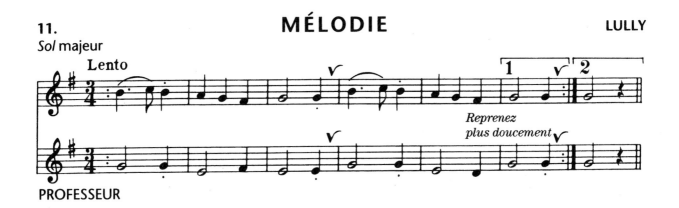

PROFESSEUR

Voici le même morceau écrit dans une autre tonalité: celle de *fa* majeur.

12.
Fa majeur

MÉLODIE

LULLY

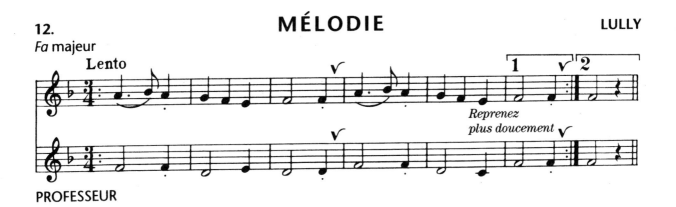

PROFESSEUR

Les signes et les termes utilisés pour indiquer le style ou l'esprit d'un morceau sont traditionnellement écrits en italien (comme les indications de tempo). En voici quelques-uns:

forte (s'abrège en *f*): fort.

piano (s'abrège en *p*): doux.

mezzo forte (s'abrège en *mf*): moyennement fort.

mezzo piano (s'abrège en *mp*): moyennement doux.

crescendo (s'écrit aussi: ⟨ ou cresc.): de plus en plus fort.

diminuendo (s'écrit aussi ⟩ ou dim.): de plus en plus doux.

rallentando (s'abrège en rall.): en ralentissant progressivement.

Crescendo et diminuendo

Peut-être avez-vous remarqué que, lorsque vous soufflez moins fort, la note a tendance à baisser. Pour corriger ce défaut de justesse, dirigez le filet d'air un peu plus vers le haut en avançant la mâchoire inférieure, lorsque vous soufflez moins fort. Faites le mouvement contraire quand vous jouez plus fort. Écoutez-vous toujours avec beaucoup d'attention et corrigez la note si elle ne vous paraît pas juste.

Comptez soigneusement les temps:

13.   DANSE CAMPAGNARDE   ALAN RIDOUT

Fa majeur

Introduction du mi *bémol et du* ré
N.B. Pour le *ré* naturel, ne gardez pas le petit doigt sur la clé de *mi* bémol.

Contrôlez encore une fois la position
de votre main droite.

Le *mi* bémol peut aussi s'appeler *ré* dièse, bien que le doigté reste le même. En réalité, toutes les notes ont ainsi plusieurs noms. Pour une explication détaillée, voir le tome 2, p.54.

Même note

EXERCICE SUR LES NOTES GRAVES

L'armature peut indiquer aussi bien une tonalité majeure qu'une tonalité mineure. Jouez les deux mélodies ci-dessous, et observez la différence de "saveur" musicale.

Ces deux mélodies ont bien la même armature, mais elles progressent chacune vers une note finale différente.

EXERCICE SUR LA GAMME DE *RÉ* MINEUR

En voici encore deux autres. Les mélodies écrites dans un ton mineur contiennent souvent un accident.

EXERCICE SUR LA GAMME DE *MI* MINEUR

LA JEÙNE FILLE

14.
Mi mineur

DANSE

SUSATO

Mi mineur

Introduction du do *dièse*

Assurez-vous que la flûte soit correctement maintenue par la main gauche.
Consultez encore les illustrations en début d'ouvrage.

Tonalité de *mi* majeur: *fa*♯, *do*♯, *sol*♯ et *ré*♯.

EXERCICE SUR LA GAMME DE *MI* MAJEUR

JINGLE BELLS

J.S. PIERPOINT

Mi majeur

15.
Mi majeur

VALSE TRISTE

EXERCICE SUR LA GAMME DE *RÉ* MAJEUR

16.
Ré majeur

THIS OLD MAN
(Le vieil homme)

Cette tonalité s'appelle *la* majeur et comporte trois dièses: *fa* ♯, *do* ♯ et *sol* ♯.

EXERCICE SUR LA GAMME DE *LA* MAJEUR

La majeur

EXERCICE DE DOIGTS

17.
La majeur

DANSE

Allegretto

Voici maintenant un exercice et un morceau dans le ton de *fa* ♯ mineur, qui comporte les mêmes altérations que *la* majeur: *fa* ♯, *do* ♯ et *sol* ♯.

EXERCICE SUR LA GAMME DE *FA♯* MINEUR

Fa ♯ mineur

CHANT

Maestoso (majestueusement)

Vous avez déjà joué ce morceau, mais dans une autre tonalité:

18.
DANSE

PRAETORIUS

POLLY WOLLY DOODLE

AMÉRICAIN

La nouvelle note qui apparaît dans ce morceau est en fait une vieille connaissance! Le *la* dièse n'est en fait que l'autre nom du *si* bémol. Pour une explication détaillée, voir le tome 2, p.54.

La dièse: même doigté que le *si* bémol. Comptez toujours les temps avec soin.

19.
AIR

ALAN RIDOUT

Mi mineur

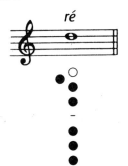

Introduction du ré *médium*

ré

Ne laissez pas le petit doigt sur la clé.

ré

EXERCICE SUR LA GAMME DE *SOL* MAJEUR

20.
Sol majeur

BRANSLE

GERVAISE

3 *La flûte chinoise classique, qui s'appelle le Tse. Nos flûtes modernes descendent de cette simple flûte de bambou, qui est utilisée en Chine depuis des millénaires.*

Viens! - une flûte invisible
Soupire dans les vergers. -
La chanson la plus paisible
Est la chanson des bergers.

   Victor Hugo, *Les Contemplations*, Livre II, 13

"Les avirons étaient d'argent, qui battaient les flots en cadence, au son des flûtes."

   William Shakespeare, *Antoine et Cléopâtre*

Un canon est un morceau dans lequel la deuxième partie imite exactement la première.

21.

NOËL: UN CANON

CHEDEVILLE

Sol majeur
Allegretto

Le morceau suivant est une ronde: le deuxième élève commence lorsque le premier arrive au repère 2, le troisième commence quand le premier arrive au repère 3 et ainsi de suite. Reprenez-le jusqu'à ce que vous en soyez complètement lassé!

LONDON'S BURNING
(L'incendie de Londres)

Ronde à quatre parties.

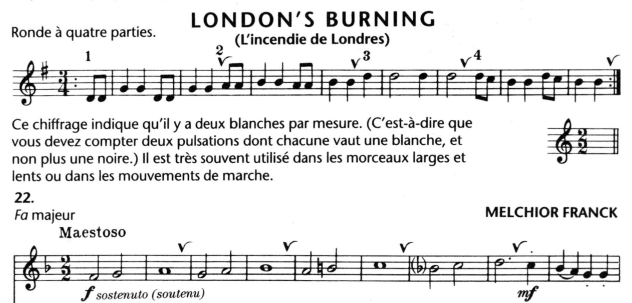

Ce chiffrage indique qu'il y a deux blanches par mesure. (C'est-à-dire que vous devez compter deux pulsations dont chacune vaut une blanche, et non plus une noire.) Il est très souvent utilisé dans les morceaux larges et lents ou dans les mouvements de marche.

22.

Fa majeur
Maestoso

MELCHIOR FRANCK

Le phrasé

Remarquez la manière dont les signes de respiration divisent la musique en phrases, exactement comme dans le langage parlé. A partir de maintenant, les signes que vous avez appris précédemment (*f*, *p*, cresc, etc) apparaîtront beaucoup plus souvent dans les morceaux que vous aurez à jouer. Cela vous aidera à bien phraser la musique.

EXERCICE SUR LA GAMME DE *SOL* MINEUR

CHANSON POPULAIRE SUÉDOISE

23.

Sol mineur

Andante

EXERCICE DE SONORITÉ

40

La mention DA CAPO (abrégée en D.C.) signifie que vous devez revenir au début du morceau.
Vous trouverez souvent le terme: D.C. al FINE.

DUDLEY'S GRUNT

24.
Sol mineur Andantino (moins lent que l'andante)

Revenez au début et rejouez tout jusqu'à la mesure notée FINE.

DANSE ALLEMANDE

F. SCHUBERT

25.
Sol majeur
Grazioso (gracieusement)

26.

MÉLODIE POPULAIRE

Fa majeur

ALAN RIDOUT

Jusqu'ici, vous avez appris les notes du *ré* grave au *ré* médium, soit huit notes au total: *ré, mi, fa, sol, la, si, do* et *ré*. Cette étendue de huit notes s'appelle une **octave**. Pour les nouvelles notes - *mi* et *fa* - de la deuxième octave, augmentez la vitesse de l'air, faute de quoi elles retomberont à l'octave inférieure. Dirigez le filet d'air un peu plus vers le haut en avançant la mâchoire inférieure. Les doigtés sont les mêmes que pour l'octave grave.

Introduction du mi *et du* fa *médium*

Mêmes doigtés que pour l'octave grave.
Augmentez la vitesse de l'air pour ces notes.

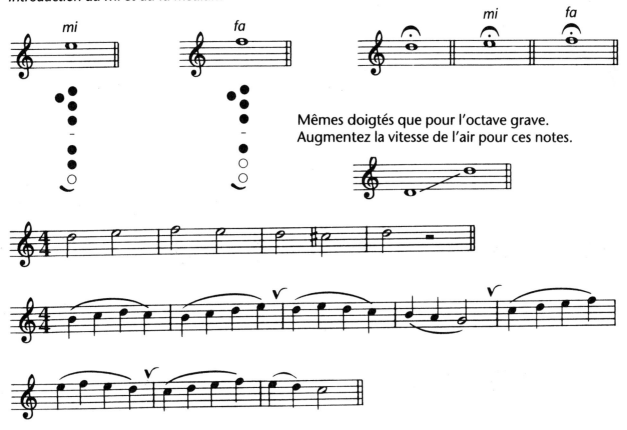

EXERCICE SUR LA GAMME DE *LA* MINEUR

COVENTRY CAROL
(Chanson de Coventry)

27.

La mineur

Mélodie arrangée par
MARTIN SHAW

Lento con moto (lent mais animé)

Mélodie reproduite avec l'autorisation de A.R. Mowbray & Co. Ltd.

Cette armature: ₵ signifie la même chose que le chiffrage $\frac{2}{2}$: deux pulsations d'une **blanche** dans chaque mesure.

ALLEMANDE

28.

Sol majeur

GERVAISE

Vivace

EXERCICE SUR LA GAMME DE *LA* MAJEUR

Le petit trait horizontal placé au-dessous ou au-dessus d'une note est un signe de *tenuto*: c'est un léger accent, qui signifie aussi que la note doit être tenue (*tenuta*, en italien) sur toute sa durée.

29.

LE MASQUE DE LORD HAYE

La majeur   **Allegretto**   CAMPION

Relisez les notes sur le développement de la sonorité, p.19.

EXERCICE DE SONORITÉ

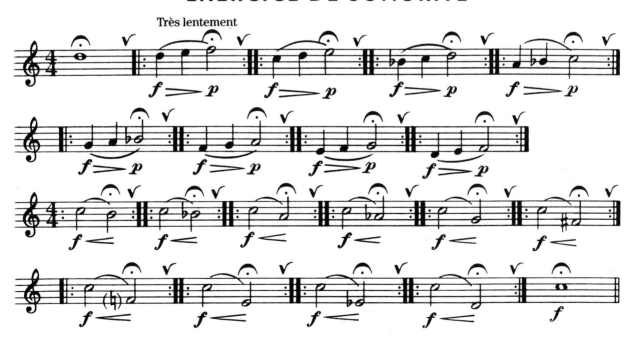

44

VIEILLE CHANSON FRANÇAISE

30.
Mi mineur

TRADITIONNEL

EXERCICE SUR LA GAMME DE *FA* MAJEUR

CHANSON POPULAIRE RUSSE

31.
Sol mineur

LA DANSE DES SORCIÈRES

32.
Fa majeur

XVIIIᵉ siècle

Moderato

rall. la 2ème fois seulement

4 *Le dieu Pan en train de jouer de la flûte de pan, une autre sorte de flûte ancienne. C'est le dieu Pan lui-même qui l'inventa dans les circonstances suivantes: Pan tomba amoureux d'une belle jeune fille appelée Syrinx. Celle-ci, en cherchant à lui échapper, se réfugia sur la berge d'une rivière, au milieu des roseaux. Pan tailla alors les roseaux en pièce, mais, ne retrouvant pas Syrinx, il lia entre eux une brassée de roseaux pour en faire une flûte, dont il jouait pour exprimer sa douleur. Et, tout comme leur amour n'avait pas été également partagé, les roseaux étaient de longueurs inégales: ainsi, celle qui avait été une belle jeune fille devint un instrument de musique!*

33.
Sol mineur

RONDO

SUSATO

Introduction du mi *bémol ou* ré *dièse*
Le doigté est le même que pour le *mi* bémol grave, mais avec l'index gauche levé.

Contrôlez la justesse des octaves.

EXERCICE SUR LA GAMME DE *SI* BÉMOL MAJEUR

O LITTLE ONE SWEET

34.
Si♭ majeur

XVIIᵉ siècle

RONDO

35.
Si♭ majeur

SUSATO

Retournez le cahier!

PREMIÈRE PARTIE

DUO

ANONYME

DEUXIÈME PARTIE

MARCHE

36.
Sol mineur

MELCHIOR FRANCK

Introduction du fa ♯ et du sol *médiums*

Contrôlez la justesse des octaves.

EXERCICE SUR LA GAMME DE *SOL* MAJEUR

37.
Sol majeur

MAYPOLE DANCE

EXERCICE SUR LA GAMME DE *SI* MINEUR

38.
Si mineur

GREENSLEEVES

TRADITIONNEL

EXERCICE SUR LA GAMME DE *DO* MAJEUR

39.
Do majeur

RIGAUDON

H. PURCELL

40.
Do majeur

DING DONG! MERRILY ON HIGH

XVIᵉ siècle

Voici une nouvelle tonalité, *fa* mineur, qui comporte quatre bémols à la clé: *si♭, mi♭, la♭* (même doigté que le *sol♯*) et *ré♭* (même doigté que le *do♯*). Pour de plus amples explications, voir le tome 2, p.54.

EXERCICE SUR LA GAMME DE *FA* MINEUR

41.
Fa mineur

TAMBOURIN

J.P. RAMEAU

Allegretto

rall. la dernière fois

reprendre trois fois **p, mf, f**

BRANLE

42.
Sol mineur

GERVAISE

Allegretto

La mesure à $\frac{4}{2}$ comporte quatre pulsations d'une blanche par mesure. La mélodie ci-dessous peut être jouée par huit élèves. S'ils ne sont que quatre, ne prenez en compte que les entrées impaires (1, 3, …).

CANON

T. TALLIS

Contrôlez la position de votre main droite, en vous référant aux descriptions données au début de ce volume.

Eschyle errait à la brune
En Sicile, et s'enivrait
Des flûtes du clair de lune
Qu'on entend dans la forêt.

Victor Hugo, *Chansons des rues et des bois*, Livre I, 2

5 *Cette pièce de porcelaine représente un joueur de flûte et de tambourin du XVIIe siècle. Ces flûtes - que l'on peut encore se procurer de nos jours - permettent de jouer de nombreuses mélodies avec seulement trois trous pour les doigts. L'embouchure de ces flûtes est semblable au bec d'une flûte à bec.*

Liste de termes italiens avec leur signification

Allegro	vite
Allegretto	moins vite qu'Allegro
Andante	lentement
Andantino	moins lentement qu'Andante, bien que certains compositeurs l'utilisent pour désigner un mouvement moins *rapide* (ou plus lent) que l'Andante.
A tempo	dans le tempo du début (après un ralenti)
Animato	animé
Al fine	(Allez) à la fin (après un D.C.)
Con spirito	avec esprit
Crescendo (cresc.)	"en augmentant": progressivement plus fort
Con	avec
Con moto	"avec du mouvement": animé
Diminuendo (dim.)	"en diminuant": progressivement plus doucement
Dolce	doux, avec douceur
D.C.	revenez au début
Fine	fin
Forte (f)	fort
Grazioso	gracieusement, avec grâce
Larghetto	moins lent que Largo
Maestoso	majestueusement
Mezzo forte (mf)	moyennement, modérément fort
Mezzo piano (mp)	moyennement, modérément doux
Mesto	triste(ment)
Moderato	modérément vite
Ritenuto (rit.)	"retenu", plus lent
Rallentando (rall.)	"en ralentissant", progressivement moins vite
Sostenuto	soutenu
Simile	"pareil": en continuant de la même manière
Tempo di minuetto	mouvement de menuet
Tempo di Valse	mouvement de valse
Vivo	très vif et rapide
Vivace	vif, rapide

Vous êtes maintenant prêt pour la seconde partie